GRANDES DAMES CONTEMPORAINES

La Duchesse de Rohan

PAR

HIPPOLYTE BUFFENOIR

AVEC UN PORTRAIT ET SIX ILLUSTRATIONS

PRIX : 1 FR. 50

PARIS

LIBRAIRIE HENRI LECLERC

219, RUE SAINT-HONORÉ, 219

1904

Tous droits réservés.

À M. Eugène Le Senne,
Souvenir reconnaissant de son bien dévoué.

Hippolyte Buffenoir

MADAME LA DUCHESSE DE ROHAN

GRANDES DAMES CONTEMPORAINES

La Duchesse de Rohan

PAR

HIPPOLYTE BUFFENOIR

AVEC UN PORTRAIT ET SIX ILLUSTRATIONS

PRIX : 1 FR. 50

PARIS

LIBRAIRIE HENRI LECLERC

219, RUE SAINT-HONORÉ, 219

—

1904

Tous droits réservés.

LA
DUCHESSE DE ROHAN
Née VERTEILLAC

Dans les premières années de mon séjour à Paris, vers 1875, j'habitais une maison peu éloignée de l'église Sainte-Clotilde. A la fin de la journée, en été, il m'était doux de descendre la rue de Varenne, en méditant et en rêvant, puis de contourner le paisible boulevard des Invalides, et de remonter vers la gare Montparnasse. Il y a là de l'air et de l'espace, les passants sont clairsemés, les bruits de la grande cité expirent au loin, et le promeneur, en ces parages privilégiés, jouit de deux biens précieux, le silence et la solitude.

Quels beaux soirs mélancoliques j'ai connus dans ce quartier peuplé d'hôtels aristocratiques, enrichi de vastes jardins, et qui semble abrité, protégé, mis hors de pair par le dôme doré des Invalides où dort le grand Empereur....

En ce temps, si loin déjà, hélas! je ne connaissais presque personne encore à Paris : cette pensée de mon isolement attristait mes promenades, mais la beauté de la nuit descendant sur la ville m'enivrait, je respirais le parfum des plantes, des fleurs, des arbustes répandus en abondance autour des riches demeures, et je me sentais moins seul: la nature m'a toujours consolé de tout.

Au coin de la rue de Babylone et du boulevard des Invalides, je m'arrêtais toujours, et je considérais le bel hôtel Louis XV qui est bâti en cet endroit, entre cour et jardin. Je lui trouvais l'air débonnaire à travers la grille, et j'aurais voulu connaître les maîtres de la maison, dont j'ignorais le nom, mais que je supposais affables, simples, bons, sympathiques.

— Vous ne vous trompiez pas! me répondront tous ceux qui ont franchi le seuil de ce bel hôtel. Le duc de Rohan, la

*

duchesse, leurs enfants possèdent au plus haut point les qualités que vous indiquez, et il n'est personne de leur entourage qui ne les aime, et ne soit honoré et fier de les approcher.

Que d'affinités mystérieuses dans notre vie! Les lettres, la poésie devaient me ramener plus tard en ce coin de Paris qui, dès le début, m'avait captivé, et je devais y trouver un foyer d'art et d'élégance plein de vie, et la muse douce et riante, la femme si bien douée que tout Paris connaît, respecte et admire, et à laquelle je viens avec bonheur consacrer ces quelques pages. Mes impressions juvéniles me prédestinaient à les écrire.

*
* *

La duchesse de Rohan, fille du marquis et de la marquise de Verteillac, est née à Paris. Sa famille appartenait à l'armée. Les Verteillac étaient grands sénéchaux du Périgord de la ville de Verteillac. Son aïeul maternel, le marquis de la Roche du Maine, dont le portrait est au château de Josselin, accompagna François Ier à Madrid, durant sa captivité. Charles-Quint posa un jour cette question au gentilhomme : « A combien de journées sommes-nous de Paris? » Il répondit fièrement : « Sire, à autant de journées que de batailles, à moins que vous ne soyez battu à la première ! »

Le marquis de Verteillac, père de la duchesse, était entré à 17 ans à l'Ecole Polytechnique. Il fit partie à Versailles de la Maison-Rouge, et entra dans le corps des pages de Napoléon pendant les Cent Jours. Il en fut le dernier survivant, quand il mourut à l'âge de 89 ans. Il servit son pays dans l'artillerie, fit les campagnes d'Espagne, de Grèce, du siège d'Anvers, fut porté à l'ordre du jour de l'armée, et fut décoré de la Légion d'honneur.

Après une brillante éducation, qui porta à leur plus haut point de culture les dons brillants de cœur et d'intelligence qu'elle tenait de la nature, Herminie de Verteillac fut mariée très jeune au prince de Léon qui, à la mort de son père, prit à son tour, en sa qualité d'aîné, ce nom fameux de Rohan, qui s'est si fièrement transmis d'âge en âge depuis le xie siècle, et qui signale à l'historien une longue suite d'aïeux héroïques.

La jeune femme brilla d'un vif éclat à l'horizon mondain. Nous retrouvons sa trace dans les études documentaires faites sur la société de Paris, il y a une quinzaine d'années.

Voici ce qu'écrivait alors le comte Vasili : « Le prince de Léon s'est adonné de bonne heure à la politique. Envoyé à la Chambre par les électeurs du département du Morbihan, il se montre assidu au Palais-Bourbon et déploie dans les travaux parlementaires un zèle et une activité qui le font remarquer. Il est fort instruit, son esprit est solide et brillant, son jugement très sûr.

« La princesse de Léon est la bonne grâce personnifiée; sa gaîté communicative, sa parfaite simplicité, son naturel et le tour plaisant de sa conversation en font l'une des personnes les plus agréables de la société. Son salon est très hospitalier, elle en fait les honneurs avec une grâce prévenante. Sa physionomie est piquante et jolie. Elle s'habille bien, se parant des joyaux superbes qui sont un héritage de famille, avec beaucoup de goût. Esprit, simplicité, tel est l'air qu'on respire dans cet agréable intérieur. »

La femme aimable et spirituelle qui signait « Etincelle » ses chroniques mondaines, et que tous les salons ont regrettée lorsqu'elle mourut, a laissé quelques pages charmantes sur la princesse de Léon. Combien je m'applaudis de les avoir conservées!

« Le pinceau, dit-elle, qui trace le portrait de la princesse doit peindre les traits d'une personnalité pleine de relief et d'originalité. Mlle Herminie de Verteillac est une vraie Parisienne, et le charme inhérent à cette origine est resté dans ses manières et dans ses goûts...

« Elle a, sous la torsade de ses beaux cheveux, la blancheur, le teint éclatant, les dents de perles, les yeux pétillants d'esprit d'une duchesse de Louis XIV. La physionomie surtout est admirable de mobilité, de sincérité, de naturel et d'intelligence. Ses mains et ses pieds feraient bonne figure en statuettes de Saxe, car ils sont tout petits.

« La princesse possède un de ces esprits couleur de feu et couleur d'aurore, comme eût dit Mme de Sévigné, qui reste toujours brillant et ne saurait demeurer inactif. C'est du repos qu'il souffrirait et non d'un excès de mouvement. »

Je veux citer encore un troisième témoin qui vit la duchesse de Rohan dans les premières années de son rayonnement et de sa maîtrise mondaine : je veux parler de M. le comte de Puiseux, qui a publié sur elle une notice fort intéressante, fort bien écrite, mais malheureusement devenue introuvable. Voici quelques passages caractéristiques:

« Le fond de votre caractère est l'indépendance, dit-il en s'adressant directement à la princesse : c'est là la note caractéristique de votre tempérament moral. Voulez-vous savoir maintenant d'où vient en grande partie le charme que vous exercez ; pourquoi tous ceux qui vous connaissent, sans être même de votre intimité, recherchent attentivement ce qui peut vous causer une

L'Hôtel de Rohan, à Paris, Boulevard des Invalides
Vue de l'entrée.

joie, vous procurer un plaisir ? Uniquement de la conviction que l'on a que vous êtes sincère, que vous êtes vraie, et que derrière la pensée que vous exprimez, ne s'en cache pas une seconde, en contradiction avec elle. Vous aimez la comédie sur la scène d'un théâtre, mais vous la détestez dans le commerce habituel de la vie, et vous l'avez impitoyablement chassée de la vôtre. »

Plus loin, je note ces détails qui ont leur importance :

« Restée fille unique, vous aviez concentré sur vous toute la tendresse, toutes les câlineries d'une mère qui vous adorait, et d'un père très fier de retrouver en vous, dès le premier âge, les reflets de sa haute intelligence. C'est à l'école d'un parfait gentilhomme et d'un homme d'esprit que vous avez grandi. »

Voilà, à mon sens, des lignes précieuses : je les reproduis bien volontiers, car, par elles, nous pouvons constater une fois de plus l'influence heureuse des parents pour former l'intelligence d'un fils, le caractère d'une fille, bref pour donner aux enfants qui doivent perpétuer leur race des qualités solides, un haut sentiment de l'honneur, l'amour de l'humanité, un entraînement généreux vers le Beau, le Vrai, le Bien.

« Ceux qui veulent vous plaire, dit encore M. de Puiseux, doivent laisser à la porte de votre hôtel cet esprit de critique quand même, qui pénètre partout. En votre présence, il faut être bon, équitable, sincère et vrai. On est récompensé de ce carême en emportant avec soi la conviction que l'on vous a été agréable, et ce qui dédommagera les plus mauvaises langues d'avoir pour un moment cessé de l'être, c'est la certitude que vous aurez découvert chez elles quelques bonnes qualités jusqu'ici ignorées de tous et d'elles-mêmes. »

Ce passage ne manque ni de finesse, ni de malice, et prouve que M. de Puiseux connaît bien la société. Mais, quel hommage rendu à la femme qui nous occupe ! Elle veut ignorer le mal, la méchanceté, tout ce qui divise et peut nuire, et elle a su acquérir assez de prestige pour qu'on s'en souvienne toujours quand on l'approche. Ce trait prouve mieux que de longues pages l'excellence de sa nature. Les âmes douées de la sorte sont rares. Forcer par sa seule présence les mauvaises langues à se taire, mais c'est presque un miracle : j'en appelle à M. le comte de Puiseux !

Par ce côté, et par d'autres encore, la duchesse de Rohan nous rappelle une des femmes les plus captivantes du xviiie siècle, la douce, la bonne comtesse d'Houdetot qui jamais ne prononça une parole aigre et malveillante, et qui fermait les yeux pour ne pas voir les défauts et les vices de l'humanité, mais les ouvrait doublement et longtemps pour admirer les heureuses qualités, le bon naturel, les belles actions, la vertu.

Ah ! ne craignons pas de faire hautement l'éloge des cœurs d'élite, hommes ou femmes, qui sont doués ainsi de cette puissance et de cet amour du bien, car leur exemple est une consolation au milieu des vanités et des déceptions du monde.

Estimons-nous heureux si nous en rencontrons quelques-uns sur notre route, et entourons leur souvenir de vénération, d'affection et de respect. Ils sont dignes de vivre dans la mémoire d'une époque, autant, sinon plus, que les savants, les lettrés, les artistes.

* * *

La duchesse de Rohan surveilla avec un grand soin l'éducation de ses trois filles et de ses deux fils (1). Poussée à l'action, au

L'Hôtel de Rohan, a Paris
Vue sur les jardins.

mouvement par son tempérament et ses goûts, elle fut et elle est encore une grande voyageuse. Elle a visité tous les pays de l'Europe. Elle possède un livre précieux qui l'a suivie dans ses

(1) La fille aînée du duc et de la duchesse de Rohan avait épousé le comte Louis de Périgord. Elle mourut au mois d'avril 1903. Les deux autres filles sont la princesse Lucien Murat, et la comtesse Charles de Caraman. Ses fils sont le prince de Léon et le vicomte de Rohan.

voyages, et qui renferme des autographes des personnages célèbres, princesses, souverains, ministres, hommes d'Etat, poètes, musiciens... C'est pour elle un guide éloquent à travers ses souvenirs. Il lui suffit de feuilleter les pages de ce livre, de relire telle pensée et tel nom, pour revoir avec précision les splendeurs et les attraits de ses voyages.

Sa vie se trouve partagée, d'autre part, entre Paris et le château de Josselin, dans le Morbihan. L'ancien hôtel de Verteillac, devenu l'hôtel de Rohan, est un véritable musée où chaque œuvre d'art est un souvenir de famille.

« Quand on a gravi le perron de l'hôtel, et traversé deux salons, où les portraits d'ancêtres vous sourient au passage, on ne peut se défendre d'une impression de solennité en franchissant la porte du grand salon de réception, qui tient toute la largeur de la maison. Les boiseries blanches sculptées avec art, les meubles en vieux Gobelins, la vaste cheminée surmontée d'une royale pendule Louis XVI, le beau portrait historique placé en face, tout a l'air grave et très noble. »

C'est Etincelle qui a écrit jadis ces lignes. Elles expriment exactement l'impression que ressent le visiteur accueilli pour la première fois dans cette demeure aristocratique. L'aspect du grand salon est vraiment imposant.

Le beau portrait, que mentionne Etincelle, est celui de Mme Dubarry, par Mme Vigée-Lebrun. La favorite est coiffée d'un chapeau d'été qui donne à sa physionomie un air de douceur rayonnante et de bonheur apparent.

L'œuvre que j'ai le plus admirée dans ce vaste salon, c'est un buste en marbre de Mérard, représentant le prince de Conti. Cousin du roi, on le sait, doué d'une haute intelligence, ami de Jean-Jacques Rousseau et de Beaumarchais, il donnait au Temple et à l'Isle-Adam des fêtes magnifiques, dignes de la cour : sa physionomie est restée dans l'histoire comme l'incarnation du véritable grand seigneur au xviiie siècle; ce n'est pas peu dire : aussi, je me suis incliné devant son image, et j'ai salué sa mémoire. En examinant ses traits, je me rappelais les admirables lettres qu'il écrivit à Rousseau, lettres où il lui témoigne l'affection d'un frère, et où on constate qu'il le protégea comme il aurait protégé son propre fils. Il fut, avec la maréchale de Luxembourg, l'ami le plus dévoué du philosophe.

Dans le cabinet du duc, qui fait suite, le souvenir de ce prince est rappelé encore par un tableau d'Ollivier, le *Salon du Prince de Conti au Temple*, dont une réplique appartient au Louvre. C'est une toile exquise où nous voyons, dans le salon des Quatre-Glaces, au Temple, les familiers du prince, au nombre desquels se trouvent le comte de Chabot et le comte de Jarnac. Au premier plan, debout, apparaît dans toute sa grâce sémillante et pimpante, la jeune comtesse d'Egmont, l'amie de Gustave III. Mozart, enfant, est au clavecin, l'acteur Jéliotte va chanter. Nous sommes au commencement de l'année 1764.

Au nombre de ces grandes dames, la duchesse de Rohan actuelle eût fait bonne figure, à côté du prince de Beauvau, de la maréchale de Mirepoix, de la comtesse de Boufflers..... Oh! l'élégante et aimable société! Le tableau d'Ollivier est plus précieux qu'un livre. D'un coup d'œil, nous pouvons saisir la vie de cette heureuse époque.

Que de merveilles encore j'aurais à signaler dans l'hôtel de Rohan, des tapisseries anciennes, des portraits et des miniatures de famille, des estampes rares, des bonbonnières, des écrans, des œuvres d'art de toute sorte! Sur le bureau de travail du duc, j'ai remarqué un buste du grand Condé, vraiment digne du héros de Rocroy. Tout le prestige de Monsieur le Prince rayonne dans ce vieux bronze.

Parmi les œuvres modernes, je ne puis oublier de mentionner un tableau de Chartran, représentant le maître et la maîtresse de la maison. Le duc est assis; la duchesse, près de lui, est debout. Tous deux, est-il besoin de le dire, ont fort grand air.

J'aperçois aussi du même artiste le portrait d'Anne de Rohan-Chabot, comtesse de Périgord, la fille aînée de la famille, enlevée si prématurément à l'affection des siens, en 1903. C'était une véritable sainte, elle soignait les pauvres avec une sorte de volupté surhumaine, sa vie ne fut qu'une suite de bonnes œuvres, et tous ceux qui l'ont connue ne peuvent évoquer son souvenir sans une émotion affectueuse, et sans l'idée d'une perfection idéale. Elle s'en est allée avant l'heure : telle une fleur de choix, orgueil d'un parterre embaumé, qu'on trouve un matin brisée par un vent d'orage. Sa mort, on le comprend, amena la désolation dans la famille de Rohan. Elle y sera à jamais pleurée..... Qualité rare, la sainteté qu'elle pratiquait n'altérait en rien son enjouement, sa grâce, sa bonne humeur.

En résumé, Etincelle le disait justement : « L'hôtel du boulevard

Le Château de Josselin, en Bretagne (Morbihan)
Façade donnant sur la rivière de l'Oust.

des Invalides, plein de luxe et de goût, modernisé par les recherches à la mode et gardant pourtant son grand air d'habitation seigneuriale, offre à Mme de Rohan les plaisirs du monde, les réceptions qu'elle organise avec tant d'art, les conversations qu'elle dirige avec tant de tact, enfin l'étourdissement délicieux de Paris. »

Les réceptions de la duchesse resteront célèbres. Son bonheur était d'avoir dans son entourage des esprits distingués, des savants, des lettrés, des artistes. Son ambition s'était réalisée, elle était devenue l'âme d'un cénacle intellectuel, lorsque le deuil cruel, dont nous venons de parler, ferma le salon si vivant du boulevard des Invalides.

Maîtresse de maison accomplie, Mme de Rohan a l'œil à tout, rien n'échappe à sa vigilance et à son activité, aussi les services sont admirablement réglés autour d'elle ; sa volonté, que rien ne fatigue, préside à la belle ordonnance au milieu de laquelle elle apparaît, et qui semble être son atmosphère naturelle. Mais ce qu'elle aime par dessus tout, c'est l'art, musique, peinture, déclamation. Dans sa jeunesse, il fallait ajouter le chant et la danse. Elle parle quatre langues.

Quand elle quitte son cadre parisien, où tant de précieux souvenirs la retiennent et l'attachent, la duchesse se rend dans le Morbihan, au château de Josselin, le vieux manoir gothique qui, depuis des siècles, appartient à la race, et dont l'aspect imposant fait mieux comprendre sa devise fameuse :

> Roi ne puis,
> Prince ne daigne,
> Rohan suis !

On pourrait écrire un livre, en racontant l'histoire du château de Josselin, de ces tours féodales qui disent la puissance d'une lignée illustre, de ces pierres qui racontent ses hauts faits, de tout ce magnifique domaine qui enferme et conserve sa gloire. Il semble que la fierté et la fidélité légendaire de la Bretagne soient incrustées à jamais dans ce castel qui porte gaillardement le poids des siècles — il date de 1026 — et brave les injures du temps.

Là, comme à Paris, comme partout où elle a été et partout où elle ira, la duchesse est aimée. Qui n'aimerait, en effet, une femme qui est affable et compatissante, qui répand discrètement ses bienfaits, trouve une parole consolante pour chaque

tristesse, ne dit de mal de personne, comprend le sort de chacun et les passions de tous, loue les uns, plaint les autres, bref, pour laquelle, suivant le mot de Térence, rien d'humain ne paraît étranger? Aux champs comme à la ville, une pareille femme sera chère au cœur des grands et des petits, des riches et des pauvres, des savants et des ignorants. Le cri de l'opinion sera partout le même. Dans les palais comme sous le chaume, on dira :
— C'est la meilleure des femmes!

C'est ce qu'on dit de la duchesse de Rohan dans l'arrondissement de Ploërmel et dans tout le Morbihan. Là, a-t-on écrit avant nous, elle sent l'amour de toute une population l'envelopper de reconnaissance et de dévouement. La châtelaine, dans ses simples robes de laine, est restée pour ses paysans une reine des temps évanouis. Elle les connaît tous par leurs noms, comme eux la connaissent par ses bienfaits.

*
* *

Maintes fois le château de Josselin a été décrit par les érudits et les archéologues. Une étude récemment parue dans une revue illustrée montre le duc et la duchesse de Rohan accueillant leurs invités, et rendant eux-mêmes tous les devoirs de la vieille et bonne hospitalité française.

« Afin, écrit M. Camille Gronkowski dans ce travail, de ménager à votre surprise la vue saisissante des tours et de la façade moyen âge, le duc de Rohan vous fera traverser le parc dans sa largeur, descendre le raidillon qui conduit à l'Oust, et c'est là, sur cet étroit chemin, resserré entre la rivière et les murailles, que vous contemplerez avec une sorte d'effroi, la formidable masse de granit qui se dresse, cyclopéenne, jusqu'aux nuages blancs, tout là-haut. — Vrai Dieu, ils étaient en sécurité dans ce nid d'aigle, les seigneurs féodaux, et sans risque ils pouvaient narguer le roi d'Angleterre! La muraille noirâtre monte, monte à pic et nue au-dessus des rochers; trois tours colossales la coupent à intervalles réguliers, et se terminent en toits coniques que la hauteur fait paraître ridiculement pointus du bas-fond où nous sommes. On distingue trois étages de fenêtres à meneaux, et la pierre marque en cet endroit quelque velléité d'élégance, au-dessus de cette noble et impressionnante sévérité. »

Josselin fut un moment fief royal, sous Philippe le Bel. Jean II le donna ensuite à Charles de Valois, son oncle. En 1370, Pierre, comte d'Alençon, et Robert, comte du Perche, vendirent le château à Olivier de Clisson, qui le fit embellir, et y mena une large existence. Il faudrait tout un volume pour raconter dignement les destinées de cette demeure célèbre.

Dans l'intérieur du château de Josselin, comme à l'hôtel du boulevard des Invalides, les chefs-d'œuvre abondent. Là aussi, il y a un grand, très grand salon où les portraits des ancêtres, dus au pinceau des maîtres, et pieusement conservés, semblent prendre part à la vie de leurs descendants.

Voici un majestueux Louis XIV, d'après Rigaud, et un solennel amiral du Casse, revêtu de la Toison d'Or. Plus loin, Henri, duc de Rohan, mort en brave en 1638; la fille du grand Sully, Marguerite de Béthune, duchesse de Rohan; une nièce de Louis XIV, Charlotte d'Orléans, duchesse de Lorraine; Françoise de Roquelaure, princesse de Léon; la princesse de Rohan-Soubise, par Nattier; Elisabeth de Montmorency, par Gérard; le cardinal prince de Rohan, grand aumônier de France; le grand-père du duc actuel, Anne-Louis de Rohan-Chabot, prince de Léon, duc de Rohan. Les poutres du plafond sont décorées d'écus armoriés qui rappellent les alliances de la famille, et en disent la noblesse et la grandeur.

Dans la bibliothèque, de nombreux portraits de femmes attirent le regard. Voici une première Marguerite de Rohan, fille d'Alain VII, puis une seconde, qui fut la femme de Alain IX, enfin une troisième qui épousa Jean, comte d'Angoulême, et fut la grand'mère de François Iᵉʳ. « Pauvre bouquet de Marguerites, écrit d'une plume émue M. Gronkowski, jolies quand même dans leurs vertugadins, mais envahies chaque jour par l'ombre et les craquelures de la toile, ces rides inévitables dont l'ironique morsure va poursuivre encore celles qui pensèrent fixer un jour, en pleine beauté, leur image définitive. »

A côté de ces Marguerites, deux Annes revivent sur la toile, Anne de Rohan-Chabot, duchesse d'Epinay, vêtue en guerrière, et Anne-Julie de Rohan, princesse de Soubise, tenant dans sa main un lis.

A la vue de ces grandes dames qui furent belles, rayonnantes, aimantes et aimées, et qui brillèrent d'un vif éclat dans les Avrils défunts d'un passé si lointain, la pensée est émue, et un senti-

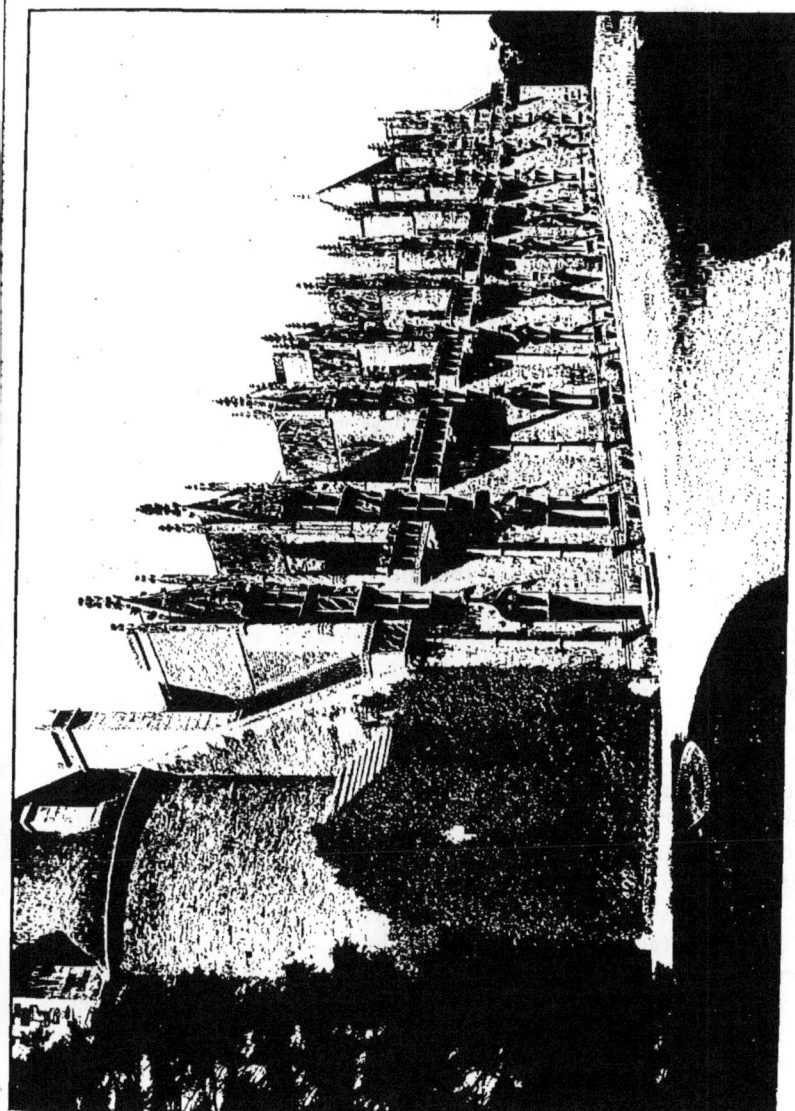

Le Château de Josselin
Vue de la façade d'entrée.

ment saisit l'âme, celui de la fuite rapide des jours, celui de nos fragiles destins.

> Quel charme, quel regret d'une beauté passée,
> Devant ces vieux portraits saisissent la pensée !
> Quel espoir séducteur, quelle plaie à guérir,
> Quel rêve enseveli, quelles secrètes flammes
> Se rallument soudain devant ces grandes dames
> Qu'une toile légère empêche de mourir !
>
> L'artiste qui vous fit de son pinceau fidèle
> Dut souvent, j'en suis sûr, en face du modèle,
> Interrompre, troublé, la tâche qu'il aimait,
> Pour causer avec vous, pour s'envelopper l'âme
> De ce frisson divin qui l'imprègne et l'enflamme,
> Et de l'art immortel lui montre le sommet.
>
> Vos attraits, vos printemps vivent dans ma mémoire :
> Je trouve une douceur mystique en votre histoire ;
> Je songe à vous parfois le long de mon chemin,
> Et, captivé longtemps par votre frais sourire,
> C'est pour vous émouvoir que je voudrais écrire
> Ces vers que l'oubli sombre emportera demain ! (1)

Revenons au château de Josselin qui renferme bien d'autres objets d'art. Il faudrait faire une longue halte au musée, rempli de souvenirs et de curiosités historiques, tels qu'une miniature de Henri IV donnée par Sully à Henry de Rohan, des émaux de Petitot, l'escabeau fringant de la bibliothèque de Mme de Pompadour, le missel du cardinal de Rohan, la lorgnette de Marie-Antoinette, celle que Napoléon portait à Austerlitz... Parmi les souvenirs modernes, le fanion du général Voyron, commandant en chef de l'expédition de Chine, en 1901 : le prince de Léon actuel, fils aîné du duc de Rohan, fut porte-fanion du général dans cette expédition.

La duchesse a été la créatrice de ce musée. Comme beaucoup de nos contemporains, elle est collectionneuse. L'archéologie, les faïences, les armes, les costumes la passionnent, même les costumes de femmes, les costumes pittoresques des provinces et des pays étrangers. Sa collection, composée de poupées habillées, est fort intéressante ; elle s'enrichit tous les jours et finira par devenir une source précieuse de documents qui diront ce qu'ont été les temps révolus dans la parure et le vêtement féminin.

(1) *La Vie ardente*, poésies, par Hippolyte Buffenoir, chez Lemerre, 1883.

Si les réceptions de Paris ont fait époque, que dire de celles de Josselin? L'hospitalité du duc et de la duchesse est vraiment royale. Aussi, bien des princes y ont été reçus; citons, entre autres : LL. AA. R. et I. le comte et la comtesse d'Eu et l'archiduc Charles d'Autriche. La bonté préside à ces réceptions, le cœur s'y épanouit, l'affection y règne. N'est-ce point là le suprême attrait! Les élégances mondaines y abondent par surcroît, sans compter les grands souvenirs du passé qui colorent toute chose d'une impression magique. Aussi, dans la haute société de tous les pays, à l'étranger comme en France, il n'est pas rare d'entendre ces paroles : « Nulle part on ne reçoit comme à Josselin! »

*
* *

A l'exemple d'une aïeule de sa famille, Anne de Rohan-Soubise qui vivait au XVIe siècle et a laissé des vers touchants; à l'exemple aussi d'une comtesse de Verteillac, sa grand'mère, qui, au XVIIIe siècle, avait un salon de beaux esprits, et dont les strophes furent justement appréciées, la duchesse actuelle, en dehors de ses collections et de ses bonnes œuvres, a une autre passion, celle de la poésie. Il ne faut pas s'en étonner, car il résulte de ce que nous avons dit que tout en elle est harmonieux, ses paroles, ses actions, ses jugements. Longtemps elle se contenta de dire les vers des autres, et c'était un plaisir de l'entendre, car sa diction est vraiment remarquable, et sa voix musicale fait tressaillir les auditeurs. Un de ses amis, fin connaisseur, lui dit un jour :

— Vous qui déclamez si bien les poésies d'autrui, pourquoi n'en composez-vous pas vous-même? Vous écririez des pièces charmantes! Essayez!

Elle hésita d'abord, puis se mit à l'œuvre avec timidité, comme tous ceux qui ont le respect de la muse. Bientôt, de son âme sincère et droite, jaillirent des strophes émues, pleines d'aperçus ingénieux et de pensées délicates. Une philosophie douce y est répandue, la bienveillance y respire, des vœux d'affection, de bonheur y sont exprimés avec grâce.

Je viens de lire ces premiers essais : L'impression ressentie est pareille à celle qui nous vient d'une riante aurore, ou de l'aspect d'un beau jardin. La pièce du début, souvent citée, a pour titre *les Branches*. La noblesse d'âme du poète s'y révèle déjà tout entière. La duchesse procède par images pour arriver à la pensée sérieuse qu'elle veut exprimer. Le spectacle de la nature lui fournit des comparaisons qu'elle rapporte à l'homme, et de ce rapprochement naît une attrayante et utile émotion. Dans cet ordre d'idées, le petit poème intitulé *l'Automne* est un modèle du genre. Que de grâce en ces vers :

> Voici venir l'Automne et l'arrière-saison
>   Qui voit mourir les roses,
> Se faner toute fleur et jaunir le gazon
>   Au fond des parcs moroses.
>
> La brise qui s'élève emporte loin de nous
>   Les fougères dorées,
> Au pays de la ronce et des buissons de houx,
>   Mourantes et fanées.
>
> Et quel charme pourtant, quelle austère beauté
>   Dans ce naissant Automne,
> Charme que n'auront point le printemps ni l'été,
>   Quand tout germe et frissonne !
>
> Automne aux jours si beaux, malgré les feuilles mortes,
>   Saison aux tons pourprés,
> Reste encor près de nous, et de tes senteurs fortes
>   Embaume encor nos prés !
>
> Automne de la vie, ô jours de paix pour l'âme,
>   Ralentissez vos pas ;
> Soleil, réchauffe-les des rayons de ta flamme,
>   Et que l'hiver ne vienne pas !

Comme tous les poètes, la duchesse de Rohan est impressionnée par la fuite rapide des années, dont nous parlions plus haut, et sa plainte mélancolique voudrait en arrêter le cours. De là dans ses vers cette douceur attristée qui correspond si bien au sentiment intime que nous avons de nos faiblesses et de nos misères.

Voici encore deux pièces dont les lecteurs de cette étude auront la primeur. L'une a pour titre : *A ma Bretagne*. C'est un cri d'amour pour ce pays qui impressionne si fortement ceux qui l'observent et l'étudient.

VUE DES BORDS DE L'OUST (MORBIHAN)

D'après une aquarelle de Mme la Duchesse de Rohan.

J'aime les landes violettes,
Les piquants verts de ses ajoncs,
Les bruyères, roses fleurettes,
Et sur l'eau les flexibles joncs.

J'aime les toits couverts de chaume
Les sveltes clochers ajourés,
La senteur forte et tout l'arome
Qui sort des bois, monte des prés.

J'aime entendre sous la feuillée
Les chants d'Arvor, tous nos vieux chants,
Et les récits qu'à la veillée
Fait une aïeule à cheveux blancs.

J'aime les calvaires de pierre,
Antique granit aux tons roux,
Et je suis très noblement fière
De ma Bretagne aux ciels si doux !

La seconde pièce est un chant de bonté à l'égard de l'humanité tout entière. Tels devaient en faire entendre, en s'accompagnant du luth, les ménestrels et les trouvères des vieux âges. Le titre est : *Semez*.

Semez, semez toujours du soleil en passant
Au bord de la rivière !
Semez, semez toujours du soleil en parlant
Au seuil de la chaumière !

Semez, semez toujours du plaisir en dansant
Dans les bois, sur la mousse !
Semez, semez toujours du plaisir en chantant
De votre voix si douce !

Semez, semez toujours le bonheur en prenant
Les cœurs par tant de grâce !
Semez, semez toujours le bonheur en aimant,
Temps fuit, jeunesse passe !

Se montrer humain, sentir, aimer, c'est là le premier secret de toute poésie : Pour peu qu'on sache y joindre la clarté du style, la magie du verbe, le rayon pur de l'art, on est sûr de plaire et d'émouvoir. En naissant, Mme de Rohan a reçu tous ces dons en partage ; la haute situation sociale qu'elle a toujours occupée a été un cadre merveilleux pour leur développement et leur floraison.

Cette aimable femme a donc été favorisée des Dieux, mais sa volonté a beaucoup fait pour seconder leurs desseins : De là son mérite personnel, de là aussi la grande place qu'elle tient si dignement au milieu des hautes personnalités de Paris, et de toute la société française.

HIPPOLYTE BUFFENOIR.

Paris, juin 1904.

ENTRÉE DU CHATEAU DE JOSSELIN

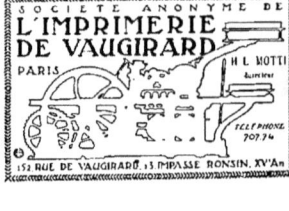

Principaux Ouvrages d'Hippolyte BUFFENOIR

POÉSIES

	FR. C.
Les Premiers Baisers (*Épuisé*)	3 »
Les Allures Viriles (*Épuisé*)	3 »
La Vie Ardente	3 »
Cris d'Amour et d'Orgueil	3 »
Pour la Gloire	3 »

ROMANS

Les Drames de la Place de Grève (*Épuisé*)	3 50
Le Député Ronquerolle	3 »
Le Roman de Sœur Marie	1 »

HISTOIRE

Jean-Jacques Rousseau et les Femmes	1 »
Jeanne d'Arc	3 »
Les Visiteurs de Jean-Jacques Rousseau (*Épuisé*)	2 »
La Comtesse d'Houdetot	7 50
Les Charmettes et Jean-Jacques Rousseau	4 »
Jean-Jacques Rousseau et Henriette	5 »
Les Amies de Chateaubriand	1 »
Les Beaux Jours de Weimar	1 50
Les Tombeaux de Rousseau et de Voltaire au Panthéon	1 »

GRANDES DAMES CONTEMPORAINES

Duchesse d'Uzès. — Princesse de Brancovan. — Baronne Double. — Madame Furtado-Heine. — Vicomtesse de Trédern. — Baronne Durand de Fontmagne. — Comtesse Greffulhe. — Princesse Hélène Alexandre Bibesco. — Duchesse de Luynes. — Vicomtesse de Grandval. — Comtesse de Castelbajac. — Baronne Deslandes. — Madame Hochon, etc., etc. (Études réunies en un volume) . . . . 10 »

La Comtesse de Noailles et ses Poésies	1 50
La Duchesse de Rohan	1 50

POUR PARAITRE PROCHAINEMENT

Grands Souvenirs	3 50
Le Prestige de Jean-Jacques Rousseau	7 50

Imp. de Vaugirard, 152, rue de Vaugirard, Paris. — H.-I. Motti, directeur.

www.ingramcontent.com/pod-product-compliance
Lightning Source LLC
Chambersburg PA
CBHW060626050426
42451CB00012B/2443